DOCUMENTS OFFICIELS

RELATIFS A LA

RÉFORME DE L'ENSEIGNEMENT SECONDAIRE

1° *Circulaire du 19 juillet 1902 relative au plan d'études.*

2° *Circulaire du 23 juillet 1902 relative à l'enseignement de l'histoire et de la géographie en 1902-1903.*

3° *Arrêté ministériel du 28 juillet 1902 relatif aux époques d'ouverture des premières sessions d'examen pour le baccalauréat nouveau et des dernières sessions d'examen pour les baccalauréats anciens.*

4° *Décret du 22 juillet 1902 sur les sanctions du baccalauréat nouveau.*

PARIS

LIBRAIRIE NONY & Cie

63, BOULEVARD SAINT-GERMAIN, 63

Les nouveaux *Plans d'études et Programmes* des établissements d'enseignement secondaire publiés par la librairie NONY et Cie se vendent séparément en quatre brochures ou réunis en un seul volume de format 18/12 :

I. — *Classes enfantines, préparatoires et élémentaires* (de la Onzième à la Septième) ; 2e édit.   0 fr. 40

II. — *Premier Cycle* (De la Sixième A et B à la Troisième A et B) ; 2e édit. . . . .   0 fr. 50

III. — *Second Cycle, Sections littéraires* : De la Seconde A et B à la Philosophie A et B ; 2e édit.   0 fr. 60

IV. — *Second Cycle, Sections scientifiques* : De la Seconde C et D aux Mathématiques A et B ; 2e édit.   0 fr. 60

V. — *Plans d'études et Programmes complets* ; 3e édit.
1 fr. 75

Programme du *Nouveau Baccalauréat* de l'enseignement secondaire . . . .   0 fr. 30

Tableau synoptique de la nouvelle organisation des études dans les établissements d'enseignement secondaire, à l'usage des chefs de ces établissements [pour remettre aux familles]. — Grandes feuilles in-4°. — Le cent, 2 fr. 50 ; les cinquante, 1 fr. 50 ; les vingt-cinq, 0 fr. 75. — Un seul exemplaire, 5 centimes (10 cent. par la poste).

La réforme de l'enseignement secondaire expliquée aux familles par H. Vuibert, auteur de l'*Annuaire de la Jeunesse* . . . .   0 fr. 30

(Prix spéciaux pour la vente en nombre aux établissements d'instruction.)

CIRCULAIRE MINISTÉRIELLE
du 19 juillet 1902
RELATIVE AU
PLAN D'ÉTUDES

MONSIEUR LE RECTEUR,

Le Bulletin administratif du Ministère de l'Instruction publique, du 1er février 1902, a porté à votre connaissance la lettre adressée par mon honorable prédécesseur au président de la Commission de l'enseignement de la Chambre des Députés au sujet de l'enseignement secondaire.

Cette lettre exposait l'économie générale de la réforme projetée, les principes qui ont présidé à son organisation, les besoins sociaux et économiques auxquels on a voulu pourvoir; je ne puis que vous inviter à vous y référer.

Les propositions dont elle était accompagnée se trouvent pour la plupart sanctionnées par les décrets et arrêtés du 31 mai 1902.

Des instructions seront ultérieurement adressées aux chefs d'établissement, aux professeurs et aux répétiteurs au sujet de cette réforme, dont un concours loyal et dévoué de leur part peut seul assurer le succès. Dès à présent, les quelques indications qui suivent m'ont paru nécessaires en vue de la mise à exécution, à la rentrée prochaine, des nouveaux règlements et de l'organisation des services qui doit en être la conséquence.

Plans d'études.

Le décret relatif au plan d'études réalise l'unité de l'enseignement secondaire; les dénominations d'enseignement classique et d'enseignement moderne disparaissent.

Il n'y aura plus désormais qu'un enseignement secondaire, dont la durée réglementaire sera la même pour tous, où les études, dans les voies diverses suivies par les élèves, auront le même niveau et dont le couronnement normal sera, après les quatre années du premier cycle, un certificat d'études secondaires du premier degré, après les sept années du premier et du second cycle, un baccalauréat unique.

Le premier cycle est superposé à un cours d'études primaires de quatre ans. Les élèves, à leur sortie des classes élémentaires des lycées ou de l'école primaire, entreront en Sixième, soit dans la division A, soit dans la division B, suivant le choix des familles. Les chefs d'établissement auront soin de renseigner celles-ci sur les caractères principaux de l'enseignement dans chacune de ces divisions.

Ainsi qu'il est prévu par l'article 3 du décret, dans la division A, le latin sera enseigné à titre obligatoire dès la Sixième; le grec, à titre facultatif, à partir de la Quatrième.

Dans la division B, qui ne comporte pas l'enseignement du latin et du grec, plus de développement sera donné à l'étude du français et des sciences.

Il conviendra aussi de ne pas laisser ignorer aux parents que dans les deux divisions, mais particulièrement dans la division B qui s'y prête davantage, les études du premier cycle formeront un tout pouvant se suffire à lui-même et permettant, par suite, à l'élève d'entrer dans une carrière active dès l'âge de 15 ou 16 ans.

Il n'y a pas lieu d'organiser dès la prochaine année scolaire le cours de deux ans, prévu à l'article 7 du décret, pour les élèves qui ne se destinent pas au baccalauréat. La préparation scientifique des élèves qui vont sortir de la classe de Troisième serait insuffisante. Au surplus, ce cours ne devra être institué ultérieurement que dans un certain nombre de lycées importants où l'utilité en sera reconnue et qui offriront, au point de vue du matériel scientifique comme au point de vue du personnel enseignant, toutes les ressources nécessaires à sa bonne organisation.

Réunions d'élèves pour certains cours.

L'article 3 du décret précité fait mention des matières qui seront communes aux élèves des diverses catégories.

En principe, les enseignements de même nature qui, dans les classes correspondantes des deux divisions du premier cycle ou des quatre sections du deuxième cycle, comportent un même nombre d'heures, seront donnés en commun. C'est précisément en prévision de ces réunions d'élèves qu'on n'a prévu dans ces classes pour ces enseignements qu'un seul et même programme.

En conséquence, sauf les réserves ci-dessous, ces groupements d'élèves auront lieu : en Sixième et en Cinquième, pour les langues vivantes, l'histoire, la géographie, le dessin ; en Quatrième et en Troisième, pour les mêmes matières et pour la morale, dans le cas où cet enseignement sera donné dans les deux divisions par un même professeur.

Én Seconde, les sections A, B, C, D, seront de même réunies pour l'histoire moderne, la géographie, une des langues vivantes, le dessin à main levée ; les sections A, B, C, pour le français et le latin ; les sections A et B pour l'histoire ancienne ;les sections B et D pour la seconde langue, etc.

C'est de même en vue de rendre possible au besoin, s'il paraît devoir en résulter quelque avantage, la réunion, pendant trois heures chaque semaine, des élèves de Mathématiques A et B avec les élèves de Philosophie, pour les parties du cours qui traitent des éléments de philosophie scientifique et de philosophie morale, qu'un même programme de ces matières a été arrêté pour ces deux classes.

La réduction à de justes limites du surcroît de dépenses qui peut résulter de l'application des nouveaux plans d'études pour certains établissements, n'est pas l'unique avantage que l'on doit attendre de ces groupements d'élèves : les études et l'éducation y sont, à plus d'un titre, intéressées. Mais ceci suppose évidemment que les classes ainsi formées ne compteront pas un trop grand nombre d'élèves. Car le bénéfice intellectuel ou moral qu'on peut espérer de ces rapprochements et de ce travail en commun serait dès lors compromis. En ce qui concerne notamment l'enseignement des langues vivantes, un nombre d'élèves assez restreint est la condition d'une bonne application des nouvelles méthodes. Autant que possible, le chiffre de vingt-cinq élèves ne devra pas être dépassé ; il est désirable qu'en général ce chiffre ne soit pas atteint.

En conséquence, Monsieur le Recteur, lorsque la réunion d'élèves appartenant à des divisions ou à des sections différentes, pour les cours comportant un même programme, vous paraîtrait devoir former des classes trop nombreuses, vous pourrez, sur la proposition des chefs d'établissements, autoriser pour ces cours la séparation des sections ou des divisions.

Service des professeurs.

Les modifications des horaires et des programmes entraînent comme conséquence certains changements dans le service des professeurs.

Dans la classe de Sixième et surtout dans la classe de Cinquième, l'enseignement de l'histoire sera désormais réservé généralement dans les lycées, et autant que possible dans les collèges, à des professeurs spéciaux.

L'enseignement de la morale dans les classes de Quatrième et de Troisième doit être, en principe, confié au professeur de français. Il pourra l'être aussi au professeur de philosophie. Le Conseil supérieur a émis le vœu que le chef de l'établissement puisse lui-même en être chargé. Il me paraît très désirable que ce vœu soit suivi d'effet, non seulement parce que l'enseignement peut y gagner en autorité et en efficacité sur les élèves, mais aussi parce qu'il y a intérêt à ce que la solidarité des proviseurs et des principaux avec le personnel enseignant, qui résultera déjà, surtout d'après les nouveaux règlements, de leur origine, de leurs titres et de leurs services, s'affirme encore par une participation effective à l'enseignement.

Dans les classes de Sixième et de Cinquième, l'enseignement du français et du latin réunis ne comporte plus que dix heures, le professeur de lettres et de grammaire de la division A sera donc, en principe, chargé aussi des cinq heures de français prévues pour la division B : ce sera là le régime normal.

Mais des cas particuliers sont à prévoir. Dans un assez grand nombre d'établissements, les heures d'enseignement du français dans les classes d'enseignement moderne sont actuellement attribuées à des professeurs spéciaux. Si ces professeurs sont agrégés des lettres ou de grammaire, ou même simplement licenciés, il conviendra de leur réserver des chaires de grammaire ou de lettres, qu'ils occuperont soit comme titulaires, soit comme chargés de cours. S'ils ont seulement des titres de l'enseignement spécial, un certain nombre pourront se spécialiser, comme beaucoup de leurs collègues pourvus des mêmes titres l'ont déjà fait, dans l'enseignement historique et géographique, enseignement pour lequel leur aptitude a été constatée dans les examens qu'ils ont subis.

Dans le cas où aucune de ces solutions ne sera possible et où le professeur actuel d'enseignement moderne restera, par suite, chargé de l'enseignement du français dans la division B, on est nécessairement conduit à constituer autrement le service normal dû par les professeurs de grammaire.

Sauf exception, ce ne serait pas une solution satisfaisante de confier à un professeur de grammaire les trois heures de français prévues aux programmes des classes de Seconde et de Première de la section D, au cas où ces heures ne seraient pas déjà attribuées à un autre professeur. Il importe, en effet, que cet enseignement ait, aux yeux des élèves et des familles, le même caractère, la même valeur que l'enseignement correspondant des sections A, B, C. A tort ou à raison, on admettrait malaisément que le professeur ou le chargé de cours choisi pour enseigner le français en Sixième dans la division A soit suffisamment désigné pour l'enseigner aussi en Seconde et en Première dans la section D. Toute la réforme serait compromise si on paraissait ne pas exiger des titres égaux, des conditions de capacité égales de la part des maîtres qui seront chargés de donner un même enseignement essentiel dans les deux divisions du premier cycle ou les diverses sections du second.

On sera donc conduit sans doute, en certains cas exceptionnels, à partager dans une classe l'enseignement du français et du latin entre deux professeurs déjà chargés chacun, dans d'autres classes, de l'enseignement du français et du latin réunis. Par exemple, un professeur de Sixième prendrait comme complément de service le cours de latin de la classe de Cinquième, le professeur de Quatrième étant, de son côté, chargé de l'enseignement du français dans cette même classe. Un échange pourrait avoir lieu chaque année pour ces services complémentaires, assez inégaux, entre les deux professeurs, comme cela se pratique actuellement dans les Rhétoriques à double chaire. L'entente établie entre ces deux professeurs assurerait, comme il se fait aujourd'hui dans les mêmes Rhétoriques, l'unité de l'enseignement et la juste distribution du travail d'étude.

Il convient d'ajouter que, si l'action du maître sur l'élève, exercée dans ces conditions, est moins une et moins forte pendant un an, par compensation, d'une année à l'autre elle sera plus continue, puisque l'élève recevra deux ans de suite, pour une même matière, les leçons et la direction du même professeur. Tout le monde reconnaît, s'il s'agit de l'enseignement des langues vivantes, les avantages de cette continuité de méthode. Je sais que d'excellents maîtres estiment que ces avantages ne seraient pas moindres pour l'étude du latin.

Une solution de même genre s'imposera dans les cas où la répartition des élèves entre les divisions A et B, dans certains lycées importants, rendra nécessaire, dans la division A, l'existence de plusieurs classes de même ordre, alors que la division B ne comportera qu'une classe correspondante (soit, par exemple, deux ou trois classes de Cinquième dans la division A et une seule classe de Cinquième dans la division B).

Il sera possible aussi, en certains cas, notamment dans les collèges, et sans doute dans quelques lycées, de confier à un même professeur la totalité de l'enseignement du français et du latin dans deux classes consécutives.

Le service de ce professeur en Sixième et en Cinquième serait alors de vingt heures par semaine et comprendrait ainsi, suivant les titres et l'âge du fonctionnaire, de deux à cinq heures supplémentaires. Une telle tâche n'est pas nécessairement excessive; beaucoup de professeurs s'acquittent déjà très honorablement de services non moins chargés et pour des enseignements peut-être plus pénibles. On pourrait d'ailleurs y attacher certains avantages dans le cas dont il s'agit.

Au surplus, étant donné que depuis déjà dix ans le recrutement des professeurs spéciaux d'enseignement moderne a cessé et que beaucoup de ceux qui sont actuellement chargés de l'enseignement du français dans le cours d'études modernes sont aptes à fournir un service d'un autre genre, il y a lieu de prévoir que les cas où l'on sera obligé de recourir aux solutions qui viennent d'être indiquées ou à d'autres analogues, sont dès à présent assez exceptionnels ; ils deviendront de plus en plus rares.

Répartition hebdomadaire des matières d'enseignement.

La répartition hebdomadaire des matières d'enseignement, telle qu'elle est fixée par l'article 1er de l'arrêté du 31 mai, pourra d'ailleurs, subir des modifications en raison du nombre des élèves dans les diverses classes, de leur force ou de leur faiblesse en telle ou telle matière du programme et des ressources des établissements. Le plan d'études le meilleur pour un lycée comme Condorcet ou Louis-le-Grand n'est pas nécessairement tel, dans toutes ses parties, pour un collège qui compte une centaine d'élèves. L'uniformité absolue du cadre est contraire, en pareil cas, à la nature des choses. Le Conseil supérieur a voulu qu'une certaine flexibilité permît d'approprier plus exactement les plans d'études aux ressources et aux convenances locales. En conséquence, les chefs d'Académie auront la latitude d'autoriser les changements proposés, après avis des assemblées de professeurs, par les chefs d'établissements, toutes les fois que l'économie générale du plan d'études ne paraîtra pas devoir en être atteinte dans ses éléments essentiels.

En ce qui concerne l'enseignement des langues vivantes, peut-être même jugeront-ils que, si cet enseignement ne pouvait être bien organisé et donné d'une manière réellement profitable dans les classes inférieures à la Sixième, il vaudrait mieux le supprimer provisoirement. C'est, notamment, sous cette réserve expresse que le Conseil supérieur a demandé le maintien des langues vivantes au programme de la deuxième année préparatoire (ancienne classe de Neuvième).

Création de nouveaux enseignements.

Dans le même ordre d'idées, l'article 3 détermine les conditions suivant lesquelles de nouveaux enseignements pourront être créés. Il vise, bien entendu, exclusivement les enseignements qui, répondant à des besoins particuliers des diverses régions, ne sont pas compris dans la nomenclature officielle de l'article 1er. Il va de soi que cet article 3 ne serait pas applicable, par exemple, au cas où l'on proposerait le rétablissement du latin en Septième ou du grec en Cinquième.

Durée des classes.

L'article 4 de l'arrêté du 31 mai prévoit qu'en principe, dans tout le cours d'études, la durée des classes sera d'une heure.

Dans les classes préparatoires et élémentaires, cette règle ne comporte aucune exception.

Cela ne veut pas dire que chaque matière du programme y sera chaque fois obligatoirement enseignée en leçons d'une durée indivisible d'une heure. Il est au contraire des enseignements qui, dans ces classes de début, gagneront à être répartis par demi-heures : par exemple, l'écriture, la géographie, les récits historiques, etc. Cette distribution de l'enseignement par demi-heures est spécialement recommandée pour les langues vivantes, là où la subdivision des élèves en groupes distincts pour les différentes langues n'occasionnera pas de trop graves embarras.

Par contre à partir de la Sixième, toute matière du programme sera enseignée à raison d'une heure pleine chaque fois, sans partage avec d'autres matières. On n'admettra d'exception que pour l'enseignement de la morale en Quatrième et en Troisième, auquel on jugera peut-être préférable, en certains cas, de réserver par semaine deux demi-heures dans deux classes dont les autres moitiés pourraient être occupées par quelque exercice de français. Pour tout le reste, une heure de classe sera toujours consacrée à un même objet, ce qui, bien entendu, ne signifie pas nécessairement à un même exercice. Une classe de latin, par exemple, peut comporter une récitation de leçon et une explication de texte ou une correction de devoir, etc. Mais, désormais, l'heure de latin portée au programme doit être une heure de latin et l'heure de français une heure de français. Quant au grec, qui plus que toute autre matière, a eu à souffrir des empiètements des enseignements les uns sur les autres, le fait même que les élèves qui l'étudieront seront séparés pour cet objet de ceux avec lesquels ils suivent en commun les cours de latin et de français, ne permettra plus à l'avenir que cet enseignement, libéralement traité sur le programme, soit la plupart du temps sacrifié en réalité.

Ainsi, à partir de la Sixième, *une heure au moins*, pour chaque matière du programme chaque fois que son tour vient d'après l'horaire de la semaine, telle sera la règle. Sauf exception, la règle sera aussi : *une heure au plus*.

A vrai dire, dans le premier cycle, des exceptions ne paraissent guère nécessaires, sauf peut-être pour l'enseignement de la physique et de la chimie, en raison du développement que, de plus en plus, doivent y prendre les expériences.

Dans le second cycle, des classes d'une heure s'imposent encore, d'après le plan d'études lui-même, pour beaucoup de matières du programme. Toutefois, les cours sont ici plus approfondis et comportent des développements plus étendus ; d'autre part, à cet âge, l'attention des jeunes gens peut déjà soutenir un effort plus prolongé : les classes d'une heure et demie ou de deux heures pourront, dès lors, si vous le jugez bon, après avis de l'assemblée des professeurs et sur la proposition du chef d'établissement, être associées plus souvent aux classes d'une heure. C'est sans doute pour les sciences, l'histoire, la philosophie et particulièrement dans les classes nombreuses qu'une telle mesure, en certains cas, vous semblera justifiée.

Le régime général sera donc la classe d'une heure.

Ce régime, Monsieur le Recteur, n'entraîne, d'ailleurs, en aucune façon, l'abandon de nos méthodes traditionnelles, dont l'excellence a été éprouvée. Il n'est pas question d'en prendre occasion pour transformer nos classes secondaires en cours primaires ou en cours supérieurs. Nos programmes ne s'en trouveront ni allongés, ni surchargés. Il n'en résultera aucune nécessité ni de précipiter l'enseignement, ni d'accumuler en raccourci dans chaque classe toute la variété d'exercices scolaires qui trouvaient place dans une classe de deux heures et qui s'espaceront plus aisément encore en deux classes d'une heure. On enseignera les mêmes choses, en même quantité, de la même façon. Et cependant, pour un même temps porté à l'horaire, on accomplira en définitive plus de besogne vraiment utile, parce que la distribution de ce temps en périodes trop longues amène inévitablement, avec la fatigue, des défaillances d'intérêt, d'attention, de compréhension, de mémoire qui font dans la classe comme des points morts, tandis qu'une distribution de ce même temps, mieux proportionnée aux forces physiques et intellectuelles de l'élève, permet, avec moins de peine, d'en mieux utiliser toutes les parties.

On ne doit pas, d'ailleurs, en organisant ce régime, se créer d'inutiles difficultés. Il ne faut pas entendre, par exemple, que deux classes faites par un même maître aux mêmes élèves seront nécessairement séparées par un intervalle de plusieurs heures ou d'une heure tout au moins. Un intervalle de quelques minutes (soit cinq minutes entre la première classe et la seconde, dix minutes entre la seconde et la troisième, si parfois on trouve avantage à grouper trois classes dans la même matinée), suffît pour permettre un moment de détente et une courte sortie pendant laquelle se renouvelle l'air de la salle. Et dès lors, dans ces conditions, une classe nouvelle, portant sur un autre objet, qu'elle soit faite ou non par le même maître, bénéficie d'une attention plus fraîche et d'un esprit plus dispos.

En même temps, on évite de la sorte aux professeurs un excessif morcellement de service qui les obligerait à venir au lycée plus souvent qu'il n'est nécessaire.

Les chefs d'établissement doivent être ménagers du temps des professeurs ; beaucoup de liberté leur est nécessaire, non seulement pour le repos de corps et d'esprit, non seulement pour le travail de préparation de la classe, mais aussi pour le travail plus indépendant par lequel ils entretiennent et renouvellent leur fonds. Le bénéfice en est pour les élèves comme pour les maîtres et l'on peut dire que la valeur la plus haute de l'enseignement universitaire vient de ce qu'il est préservé de la routine et constamment rajeuni et revivifié grâce au travail personnel des professeurs. Toutes les facilités de service, toutes les économies de temps compatibles avec l'intérêt des études devront donc leur être assurées.

Par exemple, en ce qui concerne les professeurs de Cinquième et de Sixième, les cinq classes de français qu'ils sont normalement appelés à donner aux élèves de la division B, pourront se juxtaposer, chaque matinée ou chaque après-midi, à autant de classes de latin dans la division A. D'autre part, deux heures de français aux élèves de cette division A peuvent être rapprochées de deux heures de latin aux mêmes élèves. Il ne restera plus, dès lors, qu'à trouver une place commode pour la troisième heure de français prévue au programme.

D'une manière générale, étant donné, d'une part, que bon nombre de matières, telles que les langues vivantes, la géographie, le grec, durant tout le cours d'études, et dans certaines classes, le calcul, les sciences naturelles, etc., comportent nécessairement et exclusivement des classes d'une heure, étant donné, en outre, que le régime des cours communs et des cours à option qui caractérise le nouveau plan d'études comporte tantôt la réunion, tantôt la séparation des mêmes groupes d'élèves, il n'est pas douteux que la classe d'une heure est, dans ces conditions, celle qui se prête le mieux aux combinaisons les plus variées et les plus avantageuses tant pour l'organisation générale des services que pour celle du service de chaque professeur en particulier.

Je signale à votre attention, Monsieur le Recteur, une condition matérielle importante de ce régime : c'est qu'il y ait dans chaque établissement, à la disposition des professeurs un local d'accès commode, convenablement aménagé, pourvu des livres les plus indispensables, où ils aient la facilité de se réunir pour causer entre eux ou pour expédier quelque menu travail, soit avant, soit après leurs classes, soit dans les courts intervalles qui séparent deux classes consécutives. Vous voudrez bien inviter les chefs d'établissements à se préoccuper de cette question. La salle des professeurs est un organe essentiel dont il y a lieu de pourvoir dans le plus bref délai les établissements, partout où on ne rencontrera pas d'obstacle insurmontable dans l'absolue insuffisance des locaux.

Dénomination des classes.

A propos de l'horaire, je crois devoir vous faire remarquer que les classes de Dixième et de Neuvième prennent respectivement les noms de première et de deuxième année préparatoires. La classe de Rhétorique devient pour les quatre sections la classe de Première et reprend ainsi le nom qui lui avait été attribué par l'arrêté du 19 frimaire an xi (10 déc. 1802) concernant l'organisation de l'enseignement dans les lycées. Celle de Mathématiques élémentaires s'appellera simplement la classe de Mathématiques.

Les autres classes, y compris la Philosophie, gardent leurs dénominations actuelles.

Application des nouveaux programmes.

Classes exceptées de cette application.

Les élèves qui vont entrer en Rhétorique, en Philosophie ou en Mathématiques élémentaires, subiront les examens du baccalauréat d'après l'ancien régime ; ils ne sont donc pas touchés par les mesures nouvelles ; les programmes actuels desdites classes seront maintenus pour toutes les matières. Toutefois, les professeurs, tout en se tenant dans la limite des anciens programmes, trouveront avantage à s'inspirer sur plusieurs points des programmes nouveaux.

Dans l'enseignement moderne, la classe de Première-sciences ne parait pouvoir être conservée qu'à titre tout à fait exceptionnel, et seulement là où les élèves seront en nombre suffisant ; il est à prévoir que, dans la plupart des cas, ceux-ci pourront être versés sans aucun inconvénient dans la classe de Mathématiques élémentaires.

Quant aux élèves qui devaient entrer en Seconde moderne, en octobre prochain, on leur laissera le choix entre l'ancien et le nouveau régime ; ceux qui opteront pour le nouveau suivront les cours prévus pour la section D ; ceux qui voudront achever leurs études et se préparer à la première partie du baccalauréat d'après les programmes anciens suivront des cours spécialement organisés pour cet objet.

Classes auxquelles s'étendra cette application.

Sauf ces réserves et celles qui seront indiquées ci-dessous, les nouveaux programmes, avec les sectionnements, groupements et horaires qu'ils comportent, seront appliqués intégralement dans toute la série des classes, de la classe enfantine à la Seconde inclusivement, à partir de la rentrée d'octobre 1902.

Pour l'enseignement du français, du latin, du grec, des langues vivantes, du dessin à main levée, aucune difficulté sérieuse n'est à prévoir.

Cependant, pour ce qui regarde les langues vivantes, les élèves qui achèvent dans ce moment les classes de Cinquième et de Quatrième moderne, auront commencé l'étude d'une seconde langue, étude qui, dans le nouveau régime, ne doit commencer qu'en Seconde ; il sera donc bon qu'une conférence, prise sur le total des heures consacrées à l'unique langue vivante normalement enseignée désormais dans les classes de Quatrième et de Troisième, permette aux élèves dont il s'agit de conserver jusqu'à leur entrée en Seconde les notions qu'ils ont déjà acquises sur cette seconde langue. Il se peut même que quelques-uns de ces élèves trouvent avantage à prendre comme langue principale celle dont ils ont commencé l'étude seulement en second lieu ; je ne vois pas d'inconvénient à leur laisser cette latitude.

RÉGIME DE TRANSITION POUR L'HISTOIRE ET LA GÉOGRAPHIE

L'application intégrale, dès l'année 1902-1903, des nouveaux programmes relatifs à l'enseignement de l'histoire et de la géographie aurait pour effet de faire subir aux élèves en cours d'études à la fois des répétitions fastidieuses et des omissions regrettables. En vue de leur éviter ce préjudice, les nouveaux programmes seront appliqués progressivement.

Des instructions spéciales vont incessamment vous être adressées à ce sujet ([1]).

Dans les classes préparatoires et les classes de Huitième et de Septième, les nouveaux programmes peuvent être appliqués dès l'année 1902-1903. Toutefois, pour la classe de Septième, le cours

---

([1]) Voir à la p. 16 la Circulaire du 23 juillet 1902.

prévu sera complété cette année par l'étude préalable de la période comprise entre le commencement des guerres d'Italie et l'année 1610.

RÉGIME DE TRANSITION POUR LES SCIENCES

Au sujet de l'enseignement des sciences, les mesures transitoires qu'il y aura lieu d'appliquer durant l'année 1902-1903 sont les suivantes :

PREMIER CYCLE. DIVISION A. Pour les *Mathématiques*, les professeurs feront, quand cela leur semblera nécessaire, quelques raccords, les programmes actuels et les nouveaux programmes ne présentant que peu de différence.

On ne fera pas de géologie en Quatrième, pendant l'année 1902-1903, ce cours ayant déjà été vu en Cinquième durant l'année 1901-1902 : l'heure qui est attribuée par le nouveau programme à l'étude de la géologie, pourra, s'il est jugé nécessaire, s'ajouter, pour cette année, au nombre d'heures prévues pour tel ou tel autre enseignement.

PREMIER CYCLE. DIVISION B. Pour les *Mathématiques*, pendant l'année scolaire 1902-1903, on ne fera pas de cours d'algèbre en Quatrième, mais on fera le cours de géométrie plane tout entier.

En Troisième, on étudiera les troisième et quatrième livres de géométrie plane ; on traitera, sans s'y attarder, de la mesure des volumes ; on fera, en outre, le cours d'algèbre (programme intégral).

Histoire naturelle. Même observation que pour la division A.

Physique et chimie. Comme il ne sera pas fait, en 1902-1903, de cours de morale aux élèves de Troisième, qui ont déjà reçu cet enseignement, on pourra disposer de l'heure ainsi laissée libre, en faveur de la physique et de la chimie en se référant aux programmes de Quatrième B et de Troisième B (nouveau régime).

DEUXIÈME CYCLE. En Seconde, les nouveaux programmes seront appliqués immédiatement pour les quatre sections. Toutefois, il est entendu que les élèves de l'enseignement moderne qui vont entrer en Seconde devront, s'ils le désirent, être mis en mesure par des conférences supplémentaires de préparer, pour la fin de l'année, l'examen du baccalauréat moderne, première partie.

Les exercices pratiques de sciences seront organisés intégralement, en Seconde, dès l'année prochaine.

Telles sont, Monsieur le Recteur, les instructions essentielles que me paraît comporter, pour le moment, l'organisation du nouveau plan d'études. Vous voudrez bien inviter les chefs d'établissements à les étudier très attentivement et à préparer en conséquence leurs tableaux de service. Ils se rendront compte ainsi, en entrant dans le détail de la tâche qui incombera à chacun des professeurs attachés à l'établissement, des modifications de personnel qui pourraient être rendues ultérieurement nécessaires par cette nouvelle organisation. Il vous appartiendra, lorsque les résultats de la rentrée scolaire et la répartition des élèves d'après l'option des familles aura permis de se prononcer en toute connaissance de cause, de me transmettre, avec vos observations, les propositions présentées à ce sujet par les chefs d'établissement.

Recevez, Monsieur le Recteur, l'assurance de ma considération très distinguée.

Le Ministre de l'Instruction publique
et des Beaux-Arts,

J. CHAUMIÉ.

CIRCULAIRE MINISTÉRIELLE

du 23 juillet 1902

RELATIVE AUX PROGRAMMES

D'HISTOIRE ET DE GÉOGRAPHIE

———

Monsieur le Recteur,

Comme suite à ma circulaire du 19 juillet 1902, vous trouverez ci-contre les tableaux indiquant les programmes de chacun des divers cours d'histoire et de géographie, qui devront être faits dans les classes du 1er cycle (et du 2e cycle) pendant l'année scolaire 1902-1903.

Je fais adresser ces tableaux directement à MM. les Inspecteurs d'Académie et à tous les chefs d'établissements publics d'enseignement secondaire.

Recevez, Monsieur le Recteur, l'assurance de ma considération très distinguée.

Le Ministre de l'Instruction publique
et des Beaux-Arts,

Par le Ministre et par autorisation :
Le Directeur de l'Enseignement secondaire,

E. RABIER.

———

ANNÉE SCOLAIRE 1902-1903

1er CYCLE. — DIVISION A.

HISTOIRE

6e . { Histoire ancienne de l'Orient / Histoire grecque . . . . . . / Histoire romaine . . . . . . } Nouv. progr.

5e . { Histoire grecque . . . . . . / Histoire romaine. . . . . . } Nouv. progr. de 6e moins l'histoire ancienne de l'Orient.

4e . | Histoire romaine. . . . . . | Anc. progr. de 4e.

3e . | Moyen-âge (jusqu'en 1453). . | Nouv. progr. de 5e.

GÉOGRAPHIE

6e . { Géographie générale . . . / Amérique . . . . / Australasie. . . . . . . } Nouv. progr.

5e . { Asie . . . . / Afrique . . . . / Océanie . . . . } Anc. progr. de 3e classique.

4e . | Amérique . . . . | Anc. progr. de 4e classique.

3e . { Asie . . . . / Afrique. . . . . / Océanie. . . . . . . } Anc. progr. de 3e classique.

2e CYCLE. — SECTIONS A, B, C,

2e . { Histoire de l'Europe et de la France du xe siècle à 1715. / Histoire ancienne de l'Orient et histoire grecque. . . . . . } Nouv. progr. de 2e.

{ Europe. . . . . | Anc. progr. de 2e classique.

Dans les classes de Première et de Philosophie, les anciens programmes resteront en vigueur.

ANNÉE SCOLAIRE 1902-1903

1er CYCLE. — DIVISION B.

HISTOIRE

6e . { Histoire ancienne de l'Orient. / Histoire grecque. . . . . . / Histoire romaine . . . . . . } Nouv. progr.

5e . | Histoire romaine. . . . . . | Anc. progr. de 5e moderne.

4e . { Histoire de l'Europe et de la France de 395 à 1270 . . . } Anc. progr. de 4e moderne.

3e . { Histoire de l'Europe et de la France de 1270 à 1610 . . . } Anc. progr. de 3e moderne.

GÉOGRAPHIE

6e . { Géographie générale . . . } Nouv. progr.
     { Amérique . . . . }
     { Australasie. . . . . . . }

5e . { Géographie générale . . . { Nouv. progr. de 6e.
     { Amérique . . . . {
     { Australasie. . . . .

4e . { Asie . . . . } Anc. progr. de 4e moderne.
     { Afrique. . . . . {
     { Océanie. . . . . }

3e .| Europe. . . . . | Anc. progr. de 3e moderne.

2e CYCLE. — SECTION D.

2e..{ Histoire de l'Europe et de la } Nouv. progr. de 2e.
    {   France de 1610 à 1715... {
    { Géographie générale....... }

Pourront être réunis :

Les élèves des classes de 6e (Division A) et de 6e (Division B),
pour les cours d'histoire et de géographie ;

Les élèves de la classe de 6e (Division B) et de la classe de 5e
(Division B), pour les cours de géographie (géographie générale,
Amérique, Australasie) ;

Les élèves de 4e (Division A) et de 5e (Division B), pour le cours
d'histoire (histoire romaine) ;

Les élèves de 3e (Division A) et de 4e (Division B), pour le
cours de géographie (Asie, Afrique, Océanie) ;

Les élèves de 2e (Sections A, B, C) et de 3e (Division B), pour
le cours de géographie (Europe).

ARRÊTÉ MINISTÉRIEL

du 28 Juillet 1902

RELATIF AUX

BACCALAURÉATS

ART. 1er. — Les dispositions du décret du 31 mai 1902, portant institution d'un baccalauréat de l'enseignement secondaire, seront mises à exécution :

1º Pour la première partie : latin-grec, latin-langues vivantes, latin-sciences, sciences-langues vivantes à partir de la session de juillet-août 1904 ;

2º Pour la deuxième partie : philosophie, mathématiques, à partir de la session de juillet-août 1905.

ART. 2. — Il ne sera plus reçu d'inscription :

Pour la première partie du baccalauréat de l'enseignement secondaire classique, à dater de la session de juillet-août 1904 ;

Pour la première partie du baccalauréat de l'enseignement secondaire moderne, à dater de la session de juillet-août 1905.

Toutefois, les candidats qui, antérieurement à ces dates, se seront présentés à la première partie du baccalauréat de l'enseignement secondaire classique ou à la première partie du baccalauréat de l'enseignement secondaire moderne, conserveront le droit de subir l'examen d'après le régime institué par le décret du 8 août 1890 et par le décret du 5 juin 1891.

DÉCRET DU 22 JUILLET 1902

RELATIF AUX

Sanctions du baccalauréat

de l'enseignement secondaire

ART. 1er. — Le baccalauréat de l'enseignement secondaire institué par le décret du 31 mai 1902 est admis, quelle que soit la mention inscrite sur le diplôme, pour l'inscription dans les facultés et écoles d'enseignement supérieur, en vue des grades ou titres conférés par l'Etat.

ART. 2. — Le ministre de l'instruction publique et des beaux-arts est chargé de l'exécution du présent décret.

Le Président de la République,

EMILE LOUBET.

Par le Président de la République :

Le Ministre de l'Instruction publique et des Beaux-Arts,

J. CHAUMIÉ.